सुबह सलामत

सुबह सलामत

ममता तिवारी

Sarvatra

An imprint of Manjul Publishing House

Sarvatra
An imprint of Manjul Publishing House

◆ द्वितीय तल, उषा प्रीत कॉम्प्लेक्स,
42 मालवीय नगर, भोपाल-462 003
◆ सी-16, सेक्टर 3, नोएडा, उत्तर प्रदेश, 201301
वेबसाइट : www.manjulindia.com

यह संस्करण 2024 में पहली बार प्रकाशित

सुबह सलामत

ISBN 978-93-5543-611-5

ममता तिवारी इस पुस्तक की
लेखिका होने की नैतिक ज़िम्मेदारी वहन करती हैं

मुद्रण व जिल्दसाज़ी : सौरभ प्रिंटर्स प्राइवेट लिमिटेड

तीन कतार में कही

बात मुख़्तसर ही रही...

सुबह सलामत

गुडमॉर्निंग, सुप्रभात ऐसा सुबह सुबह सुनना कितना अच्छा लगता है। यूँ ही अपने बच्चों के कहने से कि माँ तुम जो वो तीन लाइनों वाली नज़्म लिखती हो ना, उसे अपनी आवाज़ में रिकार्ड करके इंस्टा पर डालो। मैंने ऐसा ही किया। बहुतों की सुबह बन गई और वो सुबह होते ही मेरा वीडियो खोलते, देर हो जाने पर तगादा करते, बस मेरी भी सुबह बन गई। इन तीन लाइनों के साथ मैं बहुत बड़े युवा वर्ग का हिस्सा बन गई। उन्हें कम लफ़्ज़ों में मीठी बात सुनना पसंद है जो उनका ज़्यादा वक़्त नहीं लेता।

दुआ यही करती हूँ दिल से, कि आपकी सारी
सुबहें सलामत रहें...

इस रास्ते पर मत जाना राही,
राह भटक जाओगे...
"मील के पत्थर" पे मुहब्बत लिखा है

जानें क्यों तुम्हें घर के बाहर लगाते हैं,
ओ कैक्टस
जो दिल में उगे हैं उनका क्या करोगे?

हम रास्ते तो सही चुनते हैं
चलते चलते होता है अहसास...
अचानक मंज़िल की जगह बदल गई

तुम्हें अपनी सीमायें याद हैं
मैं ही दीवानी...
जो अपनी हदें भूल गई

पता तो सही दिया था तूने
राह भी ज़माने ने ठीक ही समझाई...
जाने क्यों फिर गलत मंज़िल पर आ गई

ग़ैर के दिये ज़ख्मों का क्या सोग मनाना
अपनों ने जो दिये हैं...
ज़रा उनकी तासीर तो देख

किसी के ख़्वाबों पे पैर मत रखना
ये रास्तें शीशे के हैं...
पावों में किरचें चुभ सकती हैं

वो दूर कहीं घरौंदे बनाता रहा
और मैं समझती रही...
मेरे नीड़ के लिये तिनके जुटा रहा है

ढूंढोगे तो
मुझ सी अदायें बहुतों में मिल जायेंगी...
बद्ज़ुबानी मुझ सी सब में कहाँ?

जीने के लिए सिर्फ मुहब्बत चाहिये
ये खुशफ़हमी थी हमारी...
बात ये झूठी निकली देखो, ज़िंदा है अभी भी तेरे बगैर

तुम्हारें बिन जी सकेंगे
ये तो सोचा भी ना था...
देख लो, उम्रदराज़ हो गये

अब तुम्हारी नज़र में
वो नज़र नहीं मिलती...
जो मिली थी पहली नज़र में

अगर "मेड फॉर इच अदर"
कपल हैं हम आज...
तो ये समझौता काम कर गया

जाने कितने कैक्टस उग आये
मन में मेरे
दिल के बगीचे में पानी देना भूल गई

आवारा-सा मन मेरा
तेरी नशीली आंखों को देख...
गिलास में क़ैद होने को करता है

वो दोनों आमने सामने थे
बीच में था रोटी का सूखा टुकड़ा
टुकड़ा ही शर्मिंदा हो चला, कुत्ते और बच्चे के बीच

कितना फ़र्क है मेरी उनकी मुहब्बत में
वो हमेशा कहते है शब-बा-खैर...
हम कहते हैं, उठो हो गई सहर

हज़ारों जोड़ी जूते थे मेरे पास
दुकानदार से कहा, ज़रा नये दिखाना...
मैं वापस लौट गया, पैर नहीं थे उसके पास

मासूम बच्चियाँ अब बेर नहीं तोड़ती
पेड़ के पास जाकर...
जिस्म का सौदागर बैठा है बनके चौकीदार बन।

अब तो सुबह सुबह भी सच नहीं बोल पाते
कमबख़्त झूठ का बटर...
ज़िंदगी की ब्रेड पे ऐसा चिपक गया

इक अजीब सी क़ैफ़ियत तारी है मुझ पे
ख़ुद को तबाह होते देखने की...
सो झट तुझसे मुहब्बत कर ली

किसी को अपनी जाँ कहने से पहले सोच लेना
कि तेरी जाँ भी मुश्किल में पड़ जायेगी...
और हर पल उसकी जाँ तेरी जाँ को रूलायेगी

वो ना समझेंगें, ना समझना चाहेंगे, मेरी बात
बख़्श दे उन्हें...
तूने हमेशा ''आग'' दिल में छुपा रखी है

नींद आने से पहले आ जाओ
फिर ना कहना हम बेवफ़ा निकले...
और ''इंतज़ार'' के साथ सो गये

रोज़ दिल पर ताला लगा सोती हूँ
तेरी याद भी भीतर ना आये, क्या था पता...
यादों ने डुप्लीकेट चाभी बनवा ली

उनसे मुलाकात के बाद, बदन से महक सी आने लगी
तब मुझे हुआ अहसास...
यही वो इत्र है, जो मैंने बाज़ार से ख़रीदा नहीं

तुम्हारा ख़त मिला, बिना टिकट, बिना संदेश, बिना तहरीर
मैं समझ गई, ये कोरा काग़ज़...
तुम्हारे सिवाय कौन भेज सकता था भला?

हिचकी लगी थी सुबह से
किसी ने कहा पानी पी लो, कोई बोला सांस रोको...
मैं करती रही इंतज़ार, कोई उसका नाम तो बोले

मैं इक अधूरी नज़्म
तलाशती रही ताउम्र अपना बाकी मन...
तू मिला... बस्स नज़्म मुकम्मल हो गई

ख़ुश्बू, रंग, नज़्म फूल... ये सारे नाम रख छोड़े है हमने तेरे
सरे आम नाम कैसे लूँ तेरा...
''रूसवाई'' झट पहचान लेगी

आजकल सामने आते हो, मुस्कुराते हो
सिर हिलाकर चल देते हो ऑफिस...
जैसे कोई पड़ोसी गुज़रता है, पड़ोसी को सलाम करते हुये

जीने को कुछ भी नहीं चाहिये ज़्यादा
हल्की-सी हरियाली, थोड़ी-सी धूप
हल्का-सा प्यार, थोड़ा मनुहार

मुहब्बत-ए-नज़्म में दो कतार रखी थीं
एक मुहब्बत की, एक मुलाकात की...
कमबख़्त वक़्त ने तीसरी कतार जुदाई की जोड़ दी

चाहो मत, चीज़े बेकार
रूपया पैसा, इंसान...
...उम्मीद और प्यार

मैं गंगाजल हूँ
जिसके नशे में मदमस्त रहो...
''उस'' तलक पहुँचने की बस यही खुमारी है

ऐ ख़ुदा
मेरे हिस्से की रौशनी भी उसे बख़्श...
नाम जिसका मैंनें अंधेरे में छुपा रक्खा है

"लिखना"
मेरी अभिव्यक्ति की आज़ादी है...
छपना मेरी हिमाकत

गिराने होंगे पर्दे
बहुत-सी बातों पे...
ज़िंदगी को ज़िंदगी बनाने के लिये

ये माना तोड़ देती है दम
मुहब्बत इक रोज़
ज़रूरी है क्या, उनको बेवफ़ा लिखें

ज़िंदगी जी भर पिया तुझे
अभी भी कुछ कुएँ ऐसे हैं...
जो तूने हमसे छुपा रक्खे हैं

जाने किस मय के प्याले में
तेरे इश्क़ की इक बूंद गिरी थी
तलाश में तमाम कड़वे प्याले खाली किये जा रही हूँ

कुछ मेरे, कुछ तुम्हारें
गुनाहों को धो लें...
आओ आज जी भर कर रो लें

तेरे इश्क की कुछ ऐसी चमक है
चेहरे पे मेरे...
कि हर कोई देख लेता है अपनी सूरत आईना समझ के

जैसे हो तुम, वैसे ही रहना
मैंनें चाहा है, तुम्हें ऐसे ही...
ऐसे ही रहना

दिल धड़काने के लिये काफ़ी है
महज़ तुम्हारे दो लफ्ज़...
फिर वो चाहे ''ख़ुदा हाफिज़'' क्यों ना हों

अब खुशफ़हमी हम ज़्यादा नहीं पालते
जिनसे करते है इश्क़...
उनकी आदत नहीं डालते

जज़्बात घूम रहे हैं शरमाये से
चाहते है सिमटने के लिये बांहें तुम्हारी...
बिखरने के लिये तेरे दिल की पनाह

आओ आज जुनून देखें इक दूजे का
तुम तोड़ दो सीमायें अपनी बेवफ़ाइयों की...
और मैं अपनी मुहब्बत की

आज तेरे मेरे दरम्यान कुछ भी नहीं
पर कैसे कहूँ...
मुझे तेरी आरज़ू भी नहीं

कहना ज़रा पड़ गया महंगा
तुझसे दिल की बातें
आइने की तरह आते हो सामने मेरे

इक डर जो हमेशा झूठ बुलवाता है
या तो वो मुहब्बत है...
या बेवफ़ाई

अभी तुमने इश्क का पाठ पढ़ा ही कहाँ है...
बेवफ़ाई के स्कूल से...
नाम कटाओ तो जानें

नाराज़ है
तसव्वुर में भी नहीं आ रहे हैं...
सो हम तस्वीर से काम चला रहे हैं

हम सूनी नज़रों से देखते रहे बादलों की ओर
वो आये...
हमें भिगो के चल दिये

मेरी मुहब्बत को तू सबसे छुपाता फिर रहा है
फिर वो है किसका चेहरा...
जो सब बताता फिर रहा है

सुनो, कोई और नाम रख के आना घर मेरे
मुहब्बत, प्यार, इश्क़, वफ़ा...
पहले से ही किरायेदार हैं मेरे

जीने की कितनी हसीं वजह है
हमारे पास...
ज़रा आईना तो उठा के देखें जनाब

जब तक चाहे जी, पहलू में कर बसर
जब चाहे बढ़ा ले फ़ासले...
ये फ़ैसला है तेरा, मर्ज़ी नहीं हमारी

नफ़रत के लिये बहुत कम है ये ज़िंदगी
प्यार के लिये बहुत ज़्यादा...
तो क्यों ना ज़्यादा का शौक रखा जाये

लड़कियों की माँओं ने सिटकनी बढ़ा दी दरवाज़ो में
कि पड़ोस के चाचा जी
रोज़ टॉफियाँ ले खड़े हो जाते है ड्योढ़ी पे

तेरे हर लफ्ज़ को सलाम किया मैंनें
फिर चाहे...
वो "अलविदा" क्यों ना हो

रात भर भीगती रही आंखें, मुस्कुराते रहे होंठ
अब तो मुसकुराने दो आंखों को...
भींगने दो होंठ

मैं चाहती हूँ तेरी कसम उतार फेंकूँ
आज़माइश से...
इश्क़ की दीवार नम हो जाती है

जब भी चलती हूँ इश्क़ में चूर
साथ में तेरे...
गुज़रा वक़्त कंधे थपथपा देता है मेरे

जैसे चाहो वैसे रहना, उसने कहा था
''ये अब तुम्हारा मायका नहीं''
फिर हर बात पर क्यों कहता है?

यहाँ मौजूद है हर इंसाँ में इक रफ़ूगर
बात ये दीगर है
कभी उसका, कभी मेरा घर

वो कहते है घर के आगे कैक्टस मत लगाना
शुभ नहीं होता...
पर मेरा कैक्टस तो फल-फूल गया

रोज़ बदलते रहे लिबास, खुद को निहारते रहे
आईना आखिर कब तक ख़ामोश रहता...
टूट गया भ्रम की तरह

जब किसी ने मेरे सजदे के नीचे से कदम हटाये
तब जाकर हुआ इल्म...
कि मेरी नज़रें कहाँ झुकी थीं

दर्द की शम्में जलाये यूँ कि रौशनी हो जाये
इतना मुस्कुरायें आज...
कि ज़िंदगी, ज़िंदगी हो जाये

बड़ा मीठा सा दर्द सीने में जगह बनाये रखता है
खुद तो सोता नहीं मुझे जगाये रखता है...
नींद की गोली क्यों नहीं बन जाते तुम?

उदासियों के पतझड़ से निकलने को जी करता है
पर कमबख़्त...
मुहब्बत की बहारें भी तो नहीं आती

ये बचपना कैसे छोड़ दूँ यही तो उम्र भर साथ रहेगा
लाख छुपाऊँ जो दिल में है...
चेहरा वही तो कहेगा

रास्तों पे माना है भीड़ बहुत
मंज़िल की ख़ातिर
इक राह अपनी भी बना के देखो

''तन्हाई'' और ''आवारगी'' अक्सर दोस्त बन जाती हैं
और फिर...
पायल छनकाती रूसवाई बज़्म में आती है

इश्क़ की उस पहली नज़र को नज़्र
जिसने जाने कितनी
नज़रों को नज़र दी

मशहूर हो के तेरे साथ हुआ बड़ा नुकसान
तुम्हें तो मिला नाम...
हम मुफ़्त बदनाम

इक चुप सी इधर है, इक चुप सी उधर है
मैं हूँ बेसबर यहाँ...
उधर वो बेख़बर हैं

जिस रोज उनसे बात नहीं होती
समझो...
उस रोज़ मेरी रात नहीं होती

जिन्हें आना हो, उन्हें दस्तक की दरकार नहीं
यूँ भी...
मेरे घर का कोई द्वार नहीं

सिगरेट की तरह उसके मुँह से लगे रहने में
बड़ा मज़ा आ रहा था
क्या था पता, बूट से राख मसल चल देगा

जी तुम्हारी मर्ज़ी से तमाम ज़िंदगी
अब खुली हवा में सांस लेने की...
ख़ुद मुख़्तारी चाहती हूँ

काश! मैं नमक हो जाऊँ
मेरे बिना
स्वादहीन लगे तुझे ये ज़िंदगी

एक मुख़्तारन हमेशा ज़िंदा रखो दिल में,
कि तुम्हारे कबीले में...
कोई ना कोई दरिंदा निकल आयेगा

धीमे-धीमे सुलगता शरारा हूँ मैं
बेवफ़ाई की हवा ना देना मुझे...
आतिश ना हो जाऊँ कहीं

यूँ सरेआम बारिश में भीगते देखा सबने मुझे
मन का रीतापन देखा...
कभी तुमने मेरा

काग़ज़ को भी क़लम का इंतज़ार है
ये ख़त ही मेरा इज़हार है...
क्या तू, मुझे पढ़ने का तलबग़ार है?

अकेली मैं
अकेले तुम...
फिर भी ''साथ-साथ'' हम

तुम महफ़िल हो, तन्हाई हो
कर दे जो मुझे मशहूर...
तुम वही रूसवाई हो

बुलंदियो पे है लेन देन का तुम्हारा व्यापार
मेरे इस इश्क़िया दिल का भी...
कुछ दाम रखना

सारे रंग क़ैद हैं उसके हाथ में
रोज़ इक रंग बिखेर देता है...
मेरी हयात में

सुबह को हो बंद रास्ते सुलह के
हाथ मिलाने का ख़्याल...
सरेशाम रखना

अनमोल मोती से लफ़्ज़ों का
ख़ज़ाना है मेरे पास...
फिर भी मुझ-सा कोई ग़रीब नहीं

कभी तो बारिश की पहली बूंद बनो
और तब्दीली का...
पहला कदम चुनों

तुम खुशी हो, गम हो
मसरूफ़ रखे जो मुझे...
तुम वही उलझन हो

वो आसमाँ में उड़ते हैं पैर मैले ना हो जायें
उन्हें पता नहीं
ज़मीं पर पैर टिकाना कितना मुश्किल है?

चले हो पंख फैला के छूने अकेले गगन
अपनों के लिये भी...
थोड़ा नीला आसमान रखना

वाह! नसीब तो देखें हमारा
ठेका मिला उससे हमें गमों का...
और बांटनी पड़ रही हैं खुशियाँ

जब Eraser खो जाता है मुझसे
तब माज़ी मिलने आता है...
ताकि मैं उसे मिटा न पाऊँ

ज़ोर-ज़ोर से बोलती फिरती हूँ
घर भर में ताकि...
कोई शोर ना सुन ले मेरे मन का

कौन कहता है लड़कियाँ पंतग नहीं उड़ाती
बस्स...
उनका मांझा तुम्हें दिखता नहीं

सारी ज़िंदगी समेटते रहे, बोलते, बिखरते रिश्ते
इक मूक रिश्ता है, जो छूटता नहीं...
किताबों की आलमारी से

मिरी ज़िंदगी में आये क्या तुम
सारी ख़ार शहद आमेज़ हो गई...
ये जादुई करिश्मा कैसे किया तुमने?

जला के खुद को रौशनी की हमने
आया थका मांदा तू...
बत्ती गुल करके सो गया

ये तेरी बातों में मेरा जिक्र
बताता, तुझे मेरी कितनी फ़िक्र...
बस कुछ इसी तरह महकता हमारी दोस्ती का इत्र

पेट से बोली नन्हीं लड़की
चाहिये मुझको भी...
इक खिड़की

वक़्त की चादर फटने के कगार पे है
पैबंद और नहीं लगाये जाते,
शायद... इस सर्दी में तेरे काम ना आऊँ मैं

मैं घर तो बनाना चाहता हूँ
पर डरता हूँ...
सरकार इस जगह कब सड़क बनाना शुरू कर दे

जिस तिस को कैसे दिल में ठहरा लूँ
वैसे भी कमबख़्त तूने जगह कहाँ छोड़ी...
दिल के फ्रेम से तेरी तस्वीर हटती नहीं

कड़वे लफ़्ज़ उसने चाशनी में भिगो के मारे
और मैंनें समझा...
कोई नया शब्दकोष है, तारीफ़ का

थू-थू-थू कर माँ हमारी रोज़ नज़र उतारती है
अब माँ को क्या बताऊँ...
उसकी नज़र हमेशा हमारे साथ ही रहती है

रोज़ पैसे गिनना आदत में शुमार हो गया
तरस आता है खुद पे...
कमबख़्त उतने के उतने ही रहते है

वक़्त को हमारी उम्र की तरह
पांव में ''आर्थराइटिस'' हो गया शायद...
बड़ा हौले-हौले चल रहा है

वो चला तो था ''स्कूल'' की तरफ अक्षर चुनने
रोटी की भूख, बाप की पुकार ने...
रास्ते से खेत पे लौटा लिया

नींद और भूख में ठन गई
भूख को कतार में जो लगना है...
सुना है, "बड़े बंगले" पे रोटी बंटती है सुबह सुबह

आज मंदिर पे बड़ी भीड़ है
बड़ा सेठ भूखों को भोजन करा रहा है...
सुना है बाप वेंटिलेटर पर है उसका

लगता है दुआओं में शिद्दत की कमी है
तभी ना...
देखो, गरीबों से दुआयें ख़रीद रहा है

मुफलिसी में भी ना की मुफ़ाहमत कभी
दोस्तों की ख़ातिर सदा-कदा
ख़ुद को बाज़ार किया मैंने

आजकल बूंदों की टिप टिप सुनाई नहीं आती
परदे हटा के देखा...
ज़िंदगी में साउंड प्रूफ़ खिड़कियाँ जो लगी हैं

कम बोलने से वज़नी लगते हैं अक्षर
जुबाँ पे रखे शब्दकोष का क्या करूँ
जो कहने को बेताब रहता है

मैं देने के गौरव से मुस्कुराती रही
हकीकत में जिसने दिया, लिया...
वो मेरे घमंड पे ठहाके लगाता रहा

वो कहता, आओ, बैठो रात कटती नहीं
मन होता कहूँ...
कभी दिन भी गुज़ार के देखो मेरे बगैर

घर की खातिर घर छोड़ के निकले है दीवाने
वो संवारती रही घर उसके इंतज़ार में...
उसने सराय को घर बना लिया

एक मुल्क को नेस्तनाबूद कर क्या पाओगे
जीत का वो खंडहर जब तक बनाओगे...
कोई तीसरा आ जायेगा तहस-नहस करने

जब चाहा सियासत ने
हमने अनचाहे बंदूक तान ली...
ये बात दीगर है हौसलों में गोलियाँ ना थी

आजकल ''सीमा'' पर बड़ी गहमा-गहमी है
ईद और दीवाली साथ पड़ गईं
सेवईंया और गुझिया आपस में बंट गई

(बघा बार्डर से)

दरख़्तों को ज़रा प्यार से सींचना
सुना है जब नाराज़ होते हैं...
घर उखड़ जाते है

''सावन'' के आते ही
कपड़ों की अलमारी संवारने लगी...
सुना है चटक रंग पसंद है उसे

लोग बारिश के लिये, सावन का इंतज़ार करते है
मैं तुम्हारे आते ही भीग जाती हूँ...
एक नाम तुम्हारा मैंनें ''सावन'' जो रखा है

शायरी मेरा पेशा नहीं
ये वो लिबास है जो ऊपर वाले ने
मेरी पैदाइश के साथ अता किया है

जाना था तो चले जाते ना
मुकम्मल तौर पर मेरी ज़िंदगी से...
मेरे, ख़तों, किताबों, अक्षरो में रहने का क्या मतलब?

कुम्हार के चाक पर
घड़े बनाना सीख लो...
बस ज़िंदगी को कुछ इसी तरह गढ़ना है

वो बच्चा था
नहीं जानता था अपना हुनर...
सो सस्ते में बिक गया

फूल आते रहे घर में
मुरझाते रहे... करती क्या,
खुशबू तुम चुरा ले गये

देखती हूँ अपना ही अक्स घबरा के
आइने में बार-बार
कि भीड़ में भरे चेहरों ने ऐतबार नहीं रहा मेरा

गिव एंड टेक का ज़माना है साहिब
कोई तो मुस्कुराये देख के हमें...
सो तस्वीरों में भी खिलखिलाते रहे

किताबों में डूबे रहना आदत है हमारी
लोग कहते हैं, दीवानी है
कागज़ काले कर, क्या करेगी

मेरे आसमाँ पे तारे बहुत कम थे
चांद भी दूज का ही था...
अपने लिये तो ज़मीं ही भली

तुम बिन, बारिश की बूंदों का क्या मतलब
इतना तो बरसता है सावन...
मेरी आंखों से

वो लड़ाई करते है तो
सुकून मिलता है...
मुहब्बत ज़िंदा है अभी हमारे बीच

कितनी उलझा ली ज़िंदगी हमने
कि किसी से बात करते डर लगता है...
कि, ये बात इसे बतानी नहीं थी क्या?

उसके दो पैरों में अलग-अलग चप्पल देख
भागते देख मन ही मन मुस्कुराई...
आज उससे मुलाकात का दिन है शायद

आज वो फिर बाथरूम में फिसल गई (उसने कहा)
मुस्कुराहट उसकी और खिंच गई...
समझ गये हम, पतिदेव बाहर से आ गये

उन दोनों की लड़ाई का शोर जब ख़त्म होता है
तो मैं सुकून से मुस्कुरा देती हूँ...
चलो अब मुहब्बत की बारी आई

चूड़ी, बिंदिया, पायल का डब्बा लिये
आज मददगार फिर खिलखिला रही है...
जाने आज कौन-से जख़्म छिपा रही है

लो, फिर उनके एकाउंट में पैसा आ गया
वो नहीं समझ पा रहे...
चुनाव का मौसम छा गया

वो पूछ रहे है कि, यहाँ मंदिर बने या मस्ज़िद
जिसका घर है...
कोई ''उससे'' भी तो पूछे ''उसे'' कहाँ रहना है?

आप जो बेहिसाब दर्शन के लिए
पहाड़ियों पे चढ़ने लगे है...
बेहिस पत्थर भी लुढ़ककर बोलने लगे हैं।

हर चीज़ में तलाशा मुझे तुमने
सारे बंद दरवाज़े खोल के देखे...
दिल के दरवाजे की चाबी रख के भूल गये कहीं?

बिखरा ही रहने दो इन बनारस की गलियों को
जाओ वहाँ, अब कभी तो
गले लग पुराने किस्से सुनाती है

अब हम थकने से लगे हैं
निशाँ कदमों के, ढंकने से लगे हैं...
बच्चे घर का रास्ता ना भूल जाये कहीं?

घर खाली हो गया, अब किसके लिए पकाऊँगी?
रात कुछ मेहमान क्या आये घर...
आत्म विश्वास फिर लौट आया

दुनियाँ अकेले घूमने का मन करता है
अकेलेपन से नहीं...
भीड़ में भरे इंसानों से डर लगता है

उनकी नोंक झोंक, भरोसा दिलाती है
मुहब्बत का...
मैं भी कब से लड़ाई को मुंतज़िर हूँ

कैसे निकलूँ घर से कॉलेज के लिये
नुक्कड़ वाला दुकानदार, फिर
चोरी छिपे एसिड बेचने लगा

सितारों की लड़ाई कोई देख ना पाये
सो काली बदली उन पे छा गई,
चाँद को चुपचाप, मेरे अंगना आने का मौका मिल गया

मन मलंग, ऊँची उमंग
फिर भी उड़ती नहीं, मेरी पतंग
डोर में गठान जो पड़ गई

आज वो फिर बेचने आया कुछ सपने ठेले पर लेकर
बच्चे अब बड़े हो गये...
मेरे लिये अफसोस करके चला गया

सुबह उठती हूँ, चाय पीती हूँ नाश्ता देती हूँ उन्हें
बासी अखबार की तरह
ड्राअर में डालकर चले जाते हैं दिन भर के लिए

वो कुछ बोलते नहीं
वो कुछ सुनते नहीं
बेवजह ख़ुदा ने हमें ज़बान दी

रात मेरे घर "रेड" पड़ी
छापा मारने वाले मायूस हुये
अक्षर, किताबें, नज़्म तिजोरी में रखता है कोई भला?

आज कल वो बाल खुले रखने लगी
लड़कों की कतार
गाहे बगाहे घर के नीचे से गुज़रने लगी

किसानों को
वादों की रस्सी ना पकड़ाओ
गले में ना लटका लें कहीं

उसने वादा किया साथ निभाने का
उसने निभाया भी
पर वफ़ा के साथ निभाऊँगा, ये नहीं कहा था

किसानों को संसद के गलियारे मत दिखाओं
कहीं लहू ना बिखर जाये
तुम्हारी फाइलों में

दोस्त बड़ी मुश्किल में डाल देते है
जिस कंधे पर सिर रख कर रोते है
उसी कंधे पर गोली दाग देते हैं

पर कुछ भी कहो
कुछ दोस्त बड़े प्यारे होते है
पॉकेट में सुकून के चाकलेट्स ले के घूमते है

बच्चों को ख़ुश रखों
तुम्हें अपने आप दुआयें, मिल जायेंगी
सुना है ख़ुदा से सीधा कनक्शन है उनका

यादें मेरी अब धीरे धीरे मरने लगी
उन्हें भी कौन सा अब याद रहता है
मेरे सिवाय इस घर में कौन रहता है?

जाने कितने काम सिर पर ले लेती हैं
औरतें शादी के बाद...
बस मुहब्बत उनकी लिस्ट से नदारद हो जाती है

रात से बड़ी मुहब्बत है हमें
जो पसंद है बस वही नज़र आता है
कमबख़्त दिन सारे असली नज़ारे दिखाता है

मोबाइल पर मिस्ड काल आता
वो झट छत पर निकल जाती
माँ सोचती, बिटिया घूम घूम कर पढ़ रही है

मेरे फूंकने का और इंतज़ार मत करो
लोग तो आते रहेंगे...
बच्चे सुबह से भूखे है, कब लाश उठेगी

तुम्हें जो अच्छी लगती थी वो लट
जो चूमती थी हर पल मेरा चेहरा
क्लिप से दबा के रखती हूँ... तेरे जाने के बाद

उसने मेरा नाम ''नज़्म'' रख दिया
अब मैं हर जगह पढ़ी जाने लगी
उसने माथा पीट लिया

घड़ी घड़ी छत पर दौड़ते
पांव थक गये मुन्नी के
माँ ने बड़ी और पापड़ जो सुखाये है छत पे

मुन्ना वहीं पतंग उड़ाता रहा
जहाँ माँ ने बड़ी पापड़ सुखाये थे
कौओ का नसीब अच्छा था, आज मुन्ना छत पे था

सारी परंपराये, रीति रिवाज, त्यौहार
तुमने खुद बनाये हसीनाओं
अब कहती हो ऐ खुदा इतना ज़ेवर रोज़ कौन पहने उतारे

एक अजनबी शहर में खोने निकली
शाम को टहलने निकली तो देखा
अरे! ये सब भी मेरे ही जैसे है,

वक़्त का अजीब रहम है, तुझे मेरे साथ रहना पड़ रहा है
वरना
किराया तो तूने किसी और मकाँ का दिया था

मेरी बांहों में दम तोड़ता तो यकीन कर लेती,
कि तू अब नहीं है, अब भी रोज़ एक ज़्यादा
प्लेट खाने की लगती है टेबल पे मेरे

ना दिन को सबर
ना रात को चैन
क्या सुकून की कोई शाम मिलेगी?

पगडंडियाँ मुझे भाती है
भरी भरी सी लगती है, अकेली रहूँ तब भी
भीड़ भरी सड़को पे तनहा हो जाती हूँ अकसर

कितने लोग ऐसे है, जो रोज़ मंदिर जाते है
भगवान नहीं मिलते उन्हें वहाँ...
वो तो मेरे बच्चों में मुस्कुराते हैं।

आज सिग्नल पर गुड़िया बेचने नहीं आई गुड़िया
माँ ने बताया...
उसे गुड़िया बनने का काम मिल गया है।

हमेशा गुटरगूँ चलती थी दोनों में
मुहब्बत में दीवाने थे दोनों
आजकल बड़ी खामोशी है, लगता है शादी हो गई

चाहत से नहीं मिलेगा
''वो'' चाहिये तो
मुहब्बत कीजिये

फूल आसपास रखा कीजिये
चापलूसी का वक़्त है
कब ज़रूरत पड़ जाये

विषय ढूंढ ही लेती है ज़िंदगी
ज़िंदगी की किताब पढ़ने के लिये
अक्षर ज्ञान ज़रूरी नहीं

देखे थे कुछ बांस के पौधे
उसके दरवाजे पे
कहती थी शुभ होते हैं

सालों बाद मैं लेके गया कुछ पौधे उसके घर
आंखे मूंदे
लेटी थी बांस की खपच्चियों पे

दुआओं में थोड़ी कशिश पैदा कीजिये
वरना अपने मरे
स्वर्ग भी नहीं मिलता

ये कैसे पत्थर दिल हो गये हम
कोई माँ का जिक्र करता है तो
आंसू भी नहीं आते

क्या मैं शराब की बोतल हो गई
कई पैग गटकने के बाद भी
बहकती नहीं

बचपन में तहज़ीब किसी ने नहीं सिखाई
हिन्दी लिखते लिखते
उर्दू अपने आप आ गई।

आज भी ज़िंदगी के स्टेशन पर ट्रेन रूकते ही
जी धक धक करता है
कोई लेने आया कि नहीं

सुबह से नाश्ता लेने वालों की लाइन सी लगी है
कुछ झिझकते हाथ आगे तो बढ़ते है
स्वाभिमान वापस लिये लौट जाते है

तस्वीर क्यों नहीं लगाते मेरी
मैंने शिकवा किया
सिर झुका कर बोला उसके लिये घर में दीवारें चाहिये

बाज़ार में अब सब मुझे पहचानने लगे हैं
अमीर तो हूँ...
पर चेहरे पर ''दो हजार'' का नोट चिपका है

शादी के बाज़ार में बैठ नहीं पा रही बेचारी
भाई बीवी को लेकर अलग हो गया
माँ-बाप की जिम्मेदारी अब उसकी थी

ख़बर में रहने के लिये
लोग क्या नहीं करते
फिर चाहे रोज़ ख़ुद का क़त्ल करना पड़े

जो पटाखों से डरता था बचपन में
आज बम बांध के निकला है कलेजे से
बर्दाश्त नहीं हो ता अपने देश में अपने लिए 'ग़ैर' सुनना

लोग उसके घर के पास नहीं फटकते
लोग खंजर से नहीं
धार तेज़ करने वाले से डरते हैं

बच्चे बेफ़िक्र परदेस निकल गये
उन्हें मालूम है ना
घर कहीं नहीं जाते

वो सुकून से सोती है अब अपने घर में
कोई बचा नहीं कहने वाला
कि निकल जाओं हमारे घर से

खाली तिजोरी में ताला लगा कर
चाबी छुपा देता हूँ
ताकि बच्चे सम्मान देते रहें...

उफ़्फ़ कड़कती ठंड में, फिर अखबार डालने आया
शायद खबरों की गर्माहट
बचाये रखती है उसे

अपने पक्के दोस्त के गले में
वरमाला डालते असमंजस में है
कि अब वो पति बन जायेगा

इधर वो दोस्त असमंजस में है, कि
अंगूठी डालूँ उंगली में या नहीं
कि शादी होते ही मुझे बदलने पर आमादा हो जायेगी

मेरी जिन बेफ़िक्र अदाओं पर फ़िदा होकर
मर मिटी थी मुझ पर
शादी होते ही मैं बेशऊर, ग़ैर जिम्मेदार साबित हुआ

मैं सोचती थी, मैं जैसी हूँ,
वैसी ही दिखती हूँ
फिर मेरे भीतर एक मुख़्तलिफ क़िरदार किसका रहता है?

बड़े सस्ते में खरीद लेते हो
औरत की खुशी
तुम को तो हम मुफ़्त में भी ना ले

छाले पांवों के दिखते नहीं
बाहर जाने के लिये
सोने की झांझर, हाई हील्स दिलवा रखी है उसने

रात भर के कहर और लाल निशानों के बाद भी
वो खुश है...
आज तो चांदी की पायल मिल ही जायेगी

मुफ़्त में भी दाम दे के खरीद लूँ
इतनी मुहब्बत जो करते हैं तुझ बेवफ़ा से
छोड़ो भी, ये प्राब्लम मेरी है

माँ का आज फिर पेट दुख रहा है
डब्बा खोल के देखा...
रोटियाँ ख़त्म हो चुकी थी

मैं सोचती थी माँ आखिर में क्यों खाती थी
शायद कुछ अच्छा बचा के रखती होगी
देखा, वो हम सब की थाली का बचा-खुचा खाती थी

ना रह पाये तेरे साथ बंधन में
कोई बात नहीं
सुंदर यादें भी जीने के लिये काफ़ी है

अदब का साथ है तो
संभल के बोलना होगा
लोगों का क्या, शब्द कोष में भी दोष निकालेंगे

एहसानों से बना रिश्ता था हमारा
सो जल्द टूट गया
एहसासों से बनाती तो शायद ज़िंदा रहता

उम्र से अब भागा जाता नहीं
वैसे भी अब दौड़ने लायक नहीं रही
मैराथन हो गई

उसका कड़वा बोलना
मुझे तकलीफ नहीं देता
पर उसका मौन मुझे तीर चुभाता है

वो अपने अंदाज़ से दिल जीत लेते हैं
नज़रअंदाज़ करना
आदत जो है उनकी

अच्छा वक़्त आया तो था
unknown नंबर देख
फोन काट दिया

हर समय खुद में दोष निकालना
ठीक नहीं
आइने में ये खूबसूरत चेहरा आप ही का है

मैं चाहती थी
आंखें खुलते ही वो पहले मुझे देखे, तो
अपना नाम सुबह रख लिया

मैं चाहती थी
दोपहर नाम रख लूँ अपना
उसे फाइलें देखने से फुरसत नहीं

मैं चाहती थी
सोने से पहले वो मुझे देखे तो
अपना नाम रात रख लिया

60 वें बरस में उम्र का तोहफा ठीक नहीं
हाँ इश्क का केक
गिफ़्ट में अब भी ले सकती हूँ

बस मिलते रहा करो
मिलते रहने से आदत हो जाती है एक दूजे की
आदत शायद कभी मुहब्बत में बदल जाये

लोग कहते थे पीछे मुड़कर मत देखना
मैं कहती हूँ, ज़रूर देखना
किसी के ख़्वाबों पर पैर रख आगे तो नहीं बढ़ गये?

उलझी सी रहती हूँ ऊन के गोले की तरह
दूसरों की उलझन सुलझाने में
तभी मेरा स्वेटर पूरा नहीं होता

मरहम बन कर आया था मेरी ज़िंदगी में
सारे ज़ख़्म ठीक कर गया
भूल गया अंदरूनी चोटें दिखती नहीं

''आय'म ओके'', आसानी से कह देते हो
'मैं परेशां हूँ'
ये कहने के लिये कलेजा चाहिये

सबने कांच की बड़ी खिड़कियाँ लगवा ली घर में
क्या वाकई ज़िंदगी पारदर्शी हो गई
या हम बेशरम...

अब वो आजकल फिर घर देर से आने लगा
मैं समझ गई, पूछा नहीं
कहेगा, बॉस ओव्हर टाइम कराने लगा

कुछ ऐसी आदत पड़ गई झूठ में रहने की
कोई सच बोले तो, बोल पड़ती हूँ
चल झूठे...

ऐतबार करूँ उसका जो सिर्फ अपने बारे में सोचता है
ऐ ख़ुदा या तो सहने की ताकत दे,
या मुझे भी खुदगर्ज़ बना दे

पीछे से आवाज़ मत देना जाते को
आगे उसका भविष्य
पीछे मेरा इंतज़ार खड़ा है

दो बार ठक-ठक करूँगा दरवाज़े पे, उसने कहा था
वो करती रही इंतज़ार उम्र बीत गई
हवा पूरी मुस्तैदी से अब तक दरवाजे खटखटा रही है

लगता है मेरे ठेकेदार ने
जोड़ के सीमेंट में, धोखे की रेत ज़्यादा मिलाई थी
तभी घर बिखर गया...

हौले हौले पैर दबा के चलो
बरसों बाद नानी
यादों के गद्दे पर सोई है

कोई आये, नया शब्द कोष बना दे
मेरी ज़िंदगी की किताब से
"बेवफ़ाई" शब्द मिटा दे

वो छटपटा रही है,
बोल नहीं पा रही है
चौके में बर्तनों का शोर बढ़ गया

आज फिर उपवास हो गया उसका
प्लेट फेंक उन्होंने कहा...
''खाने में इतना नमक डाल दिया''

मैं रखरखाव से बहुत ख़ुशमिज़ाज दिखती हूँ
आलीशान महल में
ग़म नहीं रख सकते

उन्होंने कहा, मुहब्बत की नज़्म इस उम्र में?
चल झूठे
फिर मेरा ख़त किताब में क्यों रखा है?

मैं इक बार मर कर देखना चाहती हूँ
कि देखूँ, तुम मुझे कितना याद करते हो
फिर डर जाती हूँ कही भूल बैठे तो...

मेरे मरने के बाद तुम किस हाल में हो देखूँ ज़रा
सिगरेट के छल्ले बनाते, गीत गुनगुना रहे थे तुम
जी किया, फिर ज़िंदा हो जाऊँ...

मरने के बाद चिड़िया बन
इसी घर में उड़ना चाहती हूँ
तौबा कहीं तुमने दूसरा घोंसला बना लिया तो?

अब किसी बात से डर नहीं लगता
ताला चाबी भी नहीं रखती
खोने को कुछ भी नहीं मेरे पास

उसे मेरा रोना दु:खी करता है
रोटी की पूरी वफ़ादारी निभाता है
खून की बेवफ़ाई से तो अच्छा है

जोई (मेरा डॉगी)

ऐसा क्यों होता है
ख़्वाब मैं देखती हूँ
ताबीर किसी और की पूरी होती है

कुछ बंधा बंधा सा लगता है
आखिर सोच में आ ही जाता है
हाय! मैं बिटिया के घर में रहता हूँ

बच्चों के बड़े होते ही
मैं छोटी हो गई
अस्वित्व भूल अपना, दाल रोटी हो गई

माँ कहती थी
जब तक जीना है
तब तक सीना है... ज़िंदगी की उधड़न

राह तकते तकते
आंखें थक गई
अब तुम्हारा इंतज़ार हैं

रोज़ बेर भर लेती हूँ पल्लू में
कीमती फलों में अब स्वाद नहीं आता
क्या पेड़ कटवा दूँ बेर का?
(below standard)

बासी अख़बार की तरह मेरी ज़िंदगी
जब ताज़ा थी खूब पढ़ा लोगों ने
अब कूड़ा फेंकने के काम आती हूँ

''वो'' असमंजस में है कहाँ जाये
मंदिर भी बन गया
मस्ज़िद भी...

ऐ ज़िंदगी
बहुत जी लिया तुझे
सहर की भी तमन्ना नहीं रही

बहुत पढ़ी ज़िंदगी की किताब
अब थक से गये हैं
चलो अब अनपढ़ हो जायें

जब तक धूप मेरे कमरे में उतरती
मैं गहरी नींद सो जाती
यूँ रौशनी मेरे जीवन से गायब ही रही

लोग आजकल मुझे
पागल कहने लगे हैं
बहुत खुश रहती हूँ क्या इसलिये?

हम सब जैसे एक माला के मोती थे
माडर्न ज़माना है साहब
सबने एक एक अंगूठी बना ली

(बिखरा परिवार)

चलो एक बार फिर
मिल बांट काम करने, साथ रहने का
वक़्त आ गया

(कोविड की आहट)

खुशबू का इक झोंका सा आया
लगता है मायके आई बहन ने
पुराने खतों का बक्सा खोला

रात भर नींद नहीं आती,
बालकनी में घूमती रहती हूँ
घूमता तो वो भी रहता है ठंड में रात भर...

(चौकीदार)

उमड़ता आता है
छूने को मुझे
गुरूर इतना, पलट कर चला जाता है

(समंदर)

ये कैसी मुश्किल है, ख़ुदा
मुहब्बत करते हैं, पूरा समय उन्हें देखते हैं
पर छू नहीं सकते

(ज़मीं–आसमाँ)

कभी कभी सांस रूकती सी लगती है
उस एक हादसे ने मुझे
बार-बार मर के जीना सिखा दिया

मत भरो धधकते कोयले, ईर्ष्या, द्वेष के
दिल के गहरे कुँये में
हाथ ख़ुद के भी तो जलते हैं

सुना है, देखा तो नहीं
छुप कर मिलते है जहाँ
ज़मीं-आसमाँ

(क्षितिज)

आज़ादी पसंद, आज़ाद ख़्याल हूँ...
आज़ाद नहीं
सोने के कड़े में बंधे है हाथ मेरे

वैसे जीने की हसीं वजह तुम हो
और
मरने की भी

रखरखाव से बनाये रखते है भरम
ताकि लोग रश्क करते रहें...
किस्मत से मेरी

बहुत ताज़ी तमाम सब्ज़ियाँ लाता है रोज़
मैं पूछती हूँ सबसे, क्या बनाऊँ? उफ़्फ़ सबके नखरे
जानती हूँ आज भी सब्ज़ीवाला नमक रोटी खा के आया है

(सब्ज़ी वाला)

रोज़ विज्ञापन देखती हूँ, बेहतरीन सीमेंट के
ताकि घर मजबूत बना रहे
भूल गई घर एहसासों से बनते है

(घर)

बच्चे जाते समय पलट पलट कर
देखते हैं घर
मूर्ख... घर कहीं नहीं जाते, तुम्हीं लौट आना

जब तक मकान घर बना
सब अपने ठिकाने जा चुके थे
सो घर उदास रहता है आजकल

दावा करती है दो अलसाई बिल्लियाँ
सारे पेड़, आसमाँ, ज़मी उनका है
हमसे एक घर नहीं संभाला जाता

दबे पांव आधी रात लड़खड़ाते कदमों से
पीछे के दरवाजे से घुसता है घर में जब
तभी वो सो पाती है सुकून से

जवानी में इंतज़ार करता था पापा के घर लौटने का
किवाड़ जो खोलने होते थे...
अब किवाड़ खुले रहते है बेटा जाने कब लौटे?

मोटापे की वजह से, बीमारी के चलते
पिता को खून नहीं दे पा रहे
सो दुबले पतले, एनीमिक को ठूंस के खिला रहे

कभी कभी सोचती हूँ
मैं क्यों हूँ
चलो छोड़ो, सवाल बदल देती हूँ "मैं हूँ भी क्या"?

बार-बार वुजूद को तलाशने की आदत में
खुश नहीं रह पाई कभी
ना मिला वुजूद, ना खुशी?

वो कनात तान कर मेरे सिर पर
पूछते हैं
तुम्हें नीला आसमाँ दिखाई क्यों नहीं देता

देर रात तक तुम्हें याद कर लिखती रही...
वाह! बेख़्याली का आलम देखे
सुबह सिरहाने कोरा कागज़ पड़ा था

अहसान नहीं मुहब्बत की थी आपने
लगता है बचपन में
गलत उस्ताद के हाथ पड़ गये

किसे चाहिये आपका तख़्तो ताज़, ऐशोआराम
हमें तो आप सिर्फ
अपनी पलको की छांव में पनाह दे दें... बस्स

उस किताब की तरह हो गई ये ज़िंदगी
जिसे महंगी समझ कोई खरीदता नहीं
बस पन्ने पलट कर चला जाता है

बरसों हो गये इस शहर में रहते
फिर भी अजनबी महसूस करती हूँ
अब सराय को घर बनाओगी तो यही होगा

टोपी पहन कर
देश चलाने निकले हैं
शक है, टोपी के नीचे सिर है क्या?

इक अफ़साना अधूरा सा
डायरी के कुछ बिखरे पन्ने, टूटे फूटे अल्फ़ाज़
- बस्स यही दौलत है मेरे पास

कोई हम सुखन नहीं
कोई हमज़ुबां नहीं
जीने की कोई हसीं वजह भी नहीं

जाने क्या बात है
कि बातें तो होती हैं
पर "वो" बात नहीं होती

सोच में हूँ
रिश्तों का जोड़ क्यों टूटा
विश्वास का फेविकोल जो नहीं था

मत पूछ दाम गिलास का, मत देख इसमें रंग
ना महंगी है, ना सस्ती है
ये मस्ती की भंग

क्यों कर ली ज़िंदगी आइने की तरह हमने
आगे से चमकीले
पीछे से अंधेरे की तरह दिखते हैं

अनमोल मोती से लफ़्ज़ों का
खज़ाना है मेरे पास
फिर भी मुझ सा गरीब कोई नहीं

जाने मेरे अश्क की किस बूंद में
तेरा अक्स छुपा हो
इस डर से आंसू नहीं बहाती

कोशिशों के बाद सीखा था बचपन में बोलना
अब कोशिश कर रही हूँ उम्र के इस मुकाम पे
कि ना बोलूँ

इक अस्पताल है, ज़िंदगी
यहाँ सबको अपना दर्द बड़ा लगता है
कभी नज़र डालिये दिव्यांग पे, दर्द छोटा महसूस होगा अपना

शुरूआत थोड़े शोरगुल से करें
तो शोहरत मिलती है
फिर चाहे बात ज़िंदगी की हो या मौत की

पहाड़ से निकलते चश्मे से
घुटने के बल झुक कर पानी पीता हूँ
लोग समझते हैं इबादत में बैठा हूँ

(प्रकृति का सजदा)

बरसों हो गये इस शहर में रहते
कुछ ज़्यादा जान पहचान हो गई, ये ठीक नहीं
चलो एक बार फिर से अजनबी बन जायें हम दोनों

आज दिल फिर मचल उठा
सामने वाले घर की खिड़की से
चूड़ियों की खनखनाहट मुसलसल सुनाई ददे रही हैं

हौले से उसकी आंखों ने चूमा
मेरा चेहरा
इस तरह मेरे होंठों की लाली बच गई

मुठ्ठी भर यादें भरे दुपट्टे में
दौड़ती चली जा रही हूँ सहराँ में
कमबख़्त रेत की तरह फिसलें जा रही हैं यादें

जख़्म पर अपने हाथों से नमक डाल दो
तेरी मोहब्बत का नमक
मीठा सा लगे है

आजकल किताबों की अलमारी का
एक कोना खाली सा है
तुम जाने कब उठ कर चले गये

कोई ऐब नहीं तुम में
पर जी करता है तुम बिगड़ जाओ
मेरी लत डाल लो

नाजायज़ सा रिश्ता लगे है ज़िंदगी के साथ
ना कोई रक्त संबंध, ना दोस्ती
इश्क का रिश्ता ही जायज़ है

कैद करके रखा है ख़ुद को सात तालों में
कोई हमारी चोरी ना पकड़ ले
तेरी खुशबू पे ताला कैसे जड़ दूँ

बड़े सुकून से घर में उदास रहती हूँ
यूँ सरे आम महफिल में बेचैनी से
मुस्कानों के आदान प्रदान से तकलीफ होती है

शायद आज मेरा ज़िक्र हुआ हो उसकी नज़मों में
झटपट, इन्स्टा, यू ट्यूब खोलकर देखा
ये क्या... मशहूर होने के लिये रोज़ नाम बदलने लगे

धीरे से बोलो
लफ़्ज सुन लेंगे
अपना मिज़ाज ना बदल लें कहीं

मुझे मालूम है कचरा बीनने के बहाने
वो ज़िंदगी के हीरे तलाश कर रही है
कचरे के ढेर में ज़िंदगी ज़्यादा चमकती है

जाने कितनी नामालूम सी सीढ़ियों पर
पैर रख कर ऊंचाईयों की जानिब बढ़ती गई
पलट कर नहीं देखा इस गुमाँ में कि वापस थोड़ी लौटना है

मेरा लिखा वो पढ़ नहीं पाता
शायद अक्षरों से नाता नहीं उसका
या मुहब्बत अनपढ़ होती है

बच्चों के जाते ही
घर चमचमा के रख देती हूँ, भविष्य के लिये
''इंतज़ार'' तब तक के लिये मेहमान होता है मेरा

रेल जब धड़धड़ाती प्लेटफार्म पर आती है
दिल घबराहट से भर जाता है
तू कहीं गलत ट्रेन में तो नहीं चढ़ गया

मुझे रेल की पटरी ना बना खुदा
घुमक्कड़ हूँ मिज़ाज से
बैलगाड़ी का सही, पहिया बना दे

चाहने वालों से घिरी रहती हूँ
अरे... खुशफ़हमी में नहीं हूँ
चाहने वाले दो तरह से चाहते हैं अच्छा या बुरा

शादी के कार्ड पर ढूंढती रही
सहेली के आशिक का नाम
मोतिया बिंद उम्र से पहले आ गया क्या?

शराफतें बुर्का नहीं पहनती
ना ही सड़कों पे घूमती
बस उन्हें घर में रहना आ गया

बारह बजने का इंतजार करता है मजदूर
बच्चा सो जाये, फिर घर जाये कि
खिलौने के पैसे आज फिर दारू में गवाँ दिये

उसने झूठ बोलकर मुझे अपनी ज़िंदगी में शामिल कर लिया
तब मुझे चला पता
मुहब्बत और झूठ की पक्की दोस्ती है

चलो अब बदल लें लिबास
बदन का, कि
इस देह नश्वर को सिर्फ रूह होना है

पार्टी में वेटर के जूते का तला निकल गया
मैंने शर्मिंदा हो अपने कीमती जूते
साड़ी के नीचे छुपा लिये

(शादी का असली मंज़र)

"यूज्ड प्लेट" काउंटर के नीचे बैठा वो
मेरे छोड़े खाने को छाँट रहा था,
मैंने भरी प्लेट धीरे से वहीं छोड़ दी

मेरा झूठ उसके होंठों पर हंसी लाता है
इसलिये
मेरा झूठ से अच्छा खासा नाता है

यूँ मुग्ध होकर घूरना आदत नहीं मेरी,
पर
उसकी हंसी के खातिर ये गुस्ताखी जम गई

हम दोनों आज महफिल में टकरा गये
दोनों के एक दूजे से बोले झूठ सामने आ गये
दोनों ही अपने माँ बाप को अस्पताल ले जाने का कह के गये थे

गूंगे चीखना तो चाहते हैं
पर
बहरे सुन नहीं पा रहे

बरसात की पहली बूंद को
तपती धरती पर गिरकर फना होना पड़ता है
तब कहीं जाकर ज़मीन तैयार होती है फ़सल के लिये

कभी तो बारिश की पहली बूंद बनों
और
तब्दीली का पहला कदम चुनो

चेहरा देखो ज़रा आइने में
माँ पीढ़ी-दर-पीढ़ी ट्रांसफर होती है
मौजूद है तुम्हारे वुजूद में

सैर कर दुनिया की दिल से
ऐ दोस्त
हर जगह अपने मुल्क की शान रखना

ये भी सही, कि
तुम खुदा नहीं मगर
बेईमानों के बीच संभाले ईमान रखना

रिश्ते पूरी तरह जलकर ख़ाक नहीं होते
बुरे वक्त में
सुलग के रोटी बना देते हैं

उस किताब की तरह हो गई ये ज़िंदगी
महंगी समझ, जिसे खरीदता कोई नहीं
बस पन्ने पलट के चला जाता है

वो कनात तान कर मेरे सिर पर पूछते हैं
तुम्हें नीला आसमान
दिखाई क्यों नहीं देता।

जोर जोर से बोलती फिरती हूँ
घर भर में...
ताकि कोई शोर ना सुन ले मेरे मन का

बन गई हूँ यकलख़्त, मंज़िल मगर
गौर से देखो... लोगों
...मैं बस्स इक सफ़र हूँ।

जोड़-घटाव के बाद होता है शून्य
इसलिये हम रहे सदा साथ
तुम जोड़... मैं घटाव

सारे रंग कैद हैं उसके हाथ में
रोज़ इक रंग बिखेर देता है
मेरी हयात में

कहा गया मुझसे गुनाह कुबूल कर लो जो
तूने ख़ुदा से पहले उसको सजदा किया
सजदे में देखा ख़ुदा और तू एक थे

वो कहते इतनी लगन से जो इश्क़ की इबादत करता है
ऊपर वाले की करता आज जाने कहाँ होता
मैं पूछता हूँ ''इश्क़'' और ''ख़ुदा'' अलग कब से हो गये

एक छोटा सा कतरा थी ज़िंदगी
जब सैलाब आया, तो होश हुआ
तेरी सोहबत में समंदर हो गई

नादाँ थी
पता नहीं था वो दिल में बसर करता है
मैं ख़्वाहमख़्वाह घर में झाड़ फटकार करती रही

बहुत दिनों से तुझे याद नहीं किया
चल दिल मैकदे चलते है
सुना है मय की हर बूंद में इश्क़ है

बीच-बीच में वो हवन में स्वाहा करती है
मैं उसे देख लेता हूँ आंखें उसकी बंद रहती है
यूँ उसकी शादी में ख़ुद को स्वाहा होते देखा

सीलन बहुत थी हमारे रिश्तों में
सो घुन लग गया ज़िंदगी में
तुम आये बन के धूप सो घुन भी छंट गया

आ जाओ कुछ बचपना कर लें
बचपन ही तो हमें जोड़ने की मजबूत कड़ी है
वरना बड़ा होने की यहाँ किसको पड़ी है

तुझे पढ़ने से, मुझे लिखने की तलब हुई
तलब बढ़ते-बढ़ते नशा हो गई
यूँ तेरे नाम से रूसवा हो गई

क्या वाकई मुहब्बत में आदमी नज़्म हो जाता है
जो तन्हा तन्हा फिरता था
वो बज़्म हो जाता है

संजीदा हो सदा सुनी औरों की
मनमौजी बन मन की भी सुने सुनायें
चलो आज आवारा हो जायें

दुनिया रोज़ नई लगती है, पर बदलती नहीं
राही रोज़ बदलते हैं
पर सड़क चलती नहीं

क्यों इतनी झालरों से घर को सजाते हैं
अमावस्या से लड़ने के लिये
आस का इक दिया ही काफ़ी है

रास्तों पे माना है भीड़ बहुत
मंज़िल की ख़ातिर
इक राह अपनी भी बना कर देखो

ज़िंदगी झूठ का पुलिंदा है
सच लिखने वाला
आज शर्मिंदा है

उनकी झूठी उम्मीदों का जहाज ठहरे पानी में भी चलता रहा
मेरी सच की छोटी से कश्ती
सैलाब में भी चलती नहीं

आखिर वो ना आया, जिसके लिये तवा गरम था
बेकार ही जली रात भर लकड़ी
उसका तो ये रोज़ का भरम था।

थी अधूरी सी ये ज़िंदगी
मिलते ही तुमसे
पूरी कायनात हुई

काश! मेरी ज़िंदगी भी रोटी की मानिंद हो जाती
तो शायद
मैं तेरे गले उतर जाती

गिराने होंगे पर्दे बहुत सी बातों पे
ज़िंदगी को
ज़िंदगी बनाने के लिये

क्या समर्पित होना मेरा फर्ज़ है
और स्वीकारना
तुम्हारा अधिकार

तू मर्द है, तेरे ढाई कदम चलने से सब शुद्ध
मैं औरत हूँ
मेरा चुपचाप बैठना भी धर्म विरूद्ध?

मैं जानती हूँ मेरे जीवन का पतझड़ शुरू हो चुका है
पर तेरी आंखों के बंसत का करूँ क्या
जो मेरी हयात से बहार जाने नहीं देता

तुम सुबह हो, रात हो
रूकी है मेरे होंठो पे जो
तुम वहीं बात हो

तमाम जेवरात भरी तिजोरियों के होते
आज भी
माँ का दिया सिक्का पुराना बड़ा अच्छा लगता है

ये भी सही कि तुम खुदा नहीं
मगर
बेईमानों के बीच संभाले ईमान रखना

चाहने पर आती नहीं
धकेलने पर जाती नहीं
बेशऊर यादों को मैनर्स सिखाओ ज़रा

वैश्या की मानिंद, ये उम्मीदें
सुबह मायूसी की अंगड़ाई लेती है
शाम, लाली, पाउडर लगा फिर चौक पर बैठ जाती हैं

माँ ने कहा था मुझसे झूठ मत बोलो
मेरे बच्चे ने पूछा फिर कैसे जियें इस दुनियाँ में
मैंने कहा बस्स सच मत बताओं

काश! माँ की ख़ुशबू की कोई गोलियाँ मिलती
जिन्हें ज़िंदगी में डाल निश्चिंत हो
महकती गहरी नींद में सो जाती

मैं जो लिख रही हूँ, वो क्यों लिख रही हूँ
लगता है एक बार फिर
वहीं सुबह, दोपहर, शाम जी रही हूँ

पूरे अधूरे – तीन मिसरे

यूँ तो कोई भी शेर दो मिसरों का होता है पर जाने हर बार मुझसे ऐसा क्यों होता रहा बात अधूरी सी रहती, जब तक तीसरा मिसरा ना जोड़ूँ।

क्षमा करें, आप इसे शेर भी नहीं कह सकते, पर ये जो भी है, आपके समक्ष है, क्योंकि आप भी पढ़ कर समझ लेंगें, तीसरी कतार की अहमियत क्या है। भावनाओं का क्या है, कभी दो कतारों में, कभी तीन कतारों में, हमने तो बात कह दी।

लिखने का कोई नियम तोड़ा हो तो गुस्ताखी माफ़...

शुक्रिया... हमारे मित्र
बद्र वास्ती साहिब का जो रोज सुबह
सवेरे हमें फूल के साथ
'सुबह सलामत'
भेजते रहे आखिर हमने
उनके लफ़्ज़ चुरा लिये।